君靈鈴、李維、剛田武 合著

日本情懷 之 遊樂篇

天空數位圖書出版

目錄

相片集錦

⓵台場

❶台場（續）

↑台場（再續）

❶台場（再續）

❶台場（再續）

🔊京都鐵道博物館

∩京都鐵道博物館（續）

⊙京都鐵道博物館（再續）

⋂京都鐵道博物館（再續）

∩明治大學刑事博物館

⋒明治大學刑事博物館（續）

⋒明治大學刑事博物館（再續）

⋒東京京王正門馬路

❶東京京王後門

⋂東京京王後門

❶東京京王旁的馬路

⋒東京迪士尼海洋

↑東京迪士尼海洋（續）

☊東京迪士尼海洋（再續）

⬆東京迪士尼海洋（再續）

⚓東京迪士尼海洋（再續）

∩東京迪士尼海洋（再續）

↑東京迪士尼海洋（再續）

↟東京迪士尼海洋（再續）

🎧東京迪士尼海洋（再續）

⋒東京迪士尼渡假區

∩東京迪士尼渡假區（續）

⬆東京迪士尼渡假區（再續）

∩東京迪士尼渡假區（再續）

⋔東京迪士尼渡假區（再續）

↗東京迪士尼渡假區（再續）

東京迪士尼樂園

⋂東京迪士尼樂園（續）

∩東京迪士尼樂園（再續）

🎧富士山

❶富士山賞櫻

↑富士山賞櫻（續）

🔊富士山賞櫻（再續）

⋒橫濱紅磚倉庫

⚫橫濱紅磚倉庫（續）

⋒橫濱港

🎧横濱港（續）

🎧藤子不二雄博物館

⋒藤子不二雄博物館（續）

❶蘆之湖

❶蘆之湖（續）

說來這次非常幸運，頭一次有機會前往居然就碰上了東京迪士尼的 35 周年慶，一進樂園就是歡迎鼓舞的氣氛，專屬 35 周年的慶祝活動如火如荼展開中，當然專屬的紀念商品自然也是少不了。

　　不過一入園買東西當然不是重點，這次的行程原本有兩個區域可以選，但因為是第一次去迪士尼，也就捨棄了新的海洋那邊而選擇了樂園這邊，想著下次若還有機會，再選擇到海洋區那邊遊玩。

　　只是說實話每個設施都得排隊，就連玩個小飛象都等了超過 30 分鐘，這是在台灣遊樂園沒有過的體驗，可見迪士尼受歡迎的程度，更別提四處都可見到穿制服的學生群們，更為樂園增添更多的人氣。

　　然後，聽說必吃的火雞腿也沒有吃到，原因無他，還是因為排隊的人太多，在中午時分覺得肚子餓的時刻，最後決定以披薩跟紅茶果腹，然後再決定下一步要怎麼走。

　　後來，因為設施實在都很多人在排隊，也就跟母親決定就隨意四處走走，但本來就調查好想買的物品可不能錯過，人家都說來此就會大失血，我們自然也是有心理準備的，只是因為園區完全不熟，找了半天才找到想買的仙履奇緣馬車爆米花，後來還買了星際大戰 BB-8 的爆米花，決心買這兩樣東西當然

迪士尼
——大人小孩都嚮往的樂園

文：君靈鈴

不是為了好吃的爆米花，而是為了裝爆米花的容器，但後來怕它們壞掉一路背回家說實話也挺累的，但沒辦法，迪士尼的特別之處就在於有些東西就只有在園內才有，怎麼可以錯過呢？

後來，母女倆揹著馬車跟 BB-8 走著走著，莫名竟又餓了，隨意走進園區一家占地頗廣的餐廳後發現，此地居然就是販賣米奇手掌刈包的地點，這若是不買來一吃怎麼可以？！

所以二話不說馬上買了兩份套餐，結果意外的好吃，讓我們母女都很滿足，當然遊樂園區的任何物品價位都貴，這已經算是常態，也不是只有迪士尼才這樣，就直接略過這件事吧。

不過讓人覺得最驚喜的，莫過於就是可以在園區內遇到由工作人員扮成的卡通人物了吧，像這回見到了米奇、米妮、高飛還有讓人有錯覺如果此人從卡通內走出來一定就是長這樣，美得不像話的真人仙杜瑞拉，一瞬間竟有股走入卡通世界的錯覺，也是一次另類的體驗。

綜觀來說，迪士尼樂園還是很值得一去的，因為就像很多人說的般，這個地方代表的是一種夢想，在虛幻又真實的世界裡會讓人忘了憂愁忘了煩憂，是個找回童心的好地方呢！

日本情懷

輕井澤
——雪白世界的美好

文：君靈鈴

前往輕井澤的時候正值冬季，路邊觸目可見雪跡殘留形成美麗的皚白世界，但驚喜不僅於此，當車輛一路行駛，大夥兒正期待著晚上下榻的老牌溫泉飯店旅館有多豪華時，車窗外忽然飄起了雪花，這是這趟旅行頭一次見到下雪，同行的夥伴紛紛鼓譟了起來，興奮的心情溢於言表。

　　下雪真是一種神奇的自然現象，看著雪花不斷飄落掠過，忍不住拿起手機拍攝了起來，結束後馬上傳給在故鄉的友人觀賞，畢竟在故鄉要看到下雪，並非一件容易的事。

　　緯度的不同造就了不同的氣候與自然變化，每個地方都有每個地方不同的美，而輕井澤這兒的美不知是不是下雪的緣故，給人的感覺是純淨、無瑕、靜謐又帶點夢幻的氛圍，這時便很慶幸來的時節來對了，才能看到如此美麗的景緻。

　　後來，飯店到了，不意外同行的夥伴們下了車也不急著進門，反而都留在外頭感受那股寒冷，興奮的拍照留念，任雪花飄落在頭頂上，體驗那微微的涼意。

　　住宿的飯店有股很日本的味道，看得出歷史悠久，浴池也很寬敞舒適，晚餐採自助式，海鮮任吃幾乎是讓大家都失控了，就算撐破肚皮也想多吃一些，因為真的非常新鮮好吃，而甜點也沒有讓大家失望，甜而不膩非常順口。

　　而入夜之後望著窗外，那股寧靜又帶點神祕的氛圍似乎更加明顯，輕井澤的飯店與飯店之間多少都有些距離，所以可以看到許多樹木被雪覆蓋，看著看著還真有股雪精靈會忽然從某處現身的錯覺呢！

　　這種時候似乎就不該忙著上床睡覺，泡上一杯熱茶坐在窗邊，享受靜謐也沉澱自己，藉著雪景與熱茶洗去一身的疲憊，也洗去平時工作上的煩憂與焦躁，真正體會所謂「一杯茶的悠閒」，是個非常不錯的體驗。

　　不過，真正能洗滌身心的，絕對要提一下溫泉，那種有別於平日洗浴的水質與觸感，泡在其中的悠然自得，洗後肌膚的滑嫩水亮與那種通體舒暢的感覺，真是筆墨難以形容的快活。

　　說來，輕井澤真是一個非常特別之地，不親身來一趟還真不知其中的奧妙，而真正體驗過之後就會有一種強烈想要再次到訪的慾望，也難怪日本人將之視之為度假勝地了，所以或許之後該挑個不同的季節再來造訪，相信感受也會更不同。

日本情懷

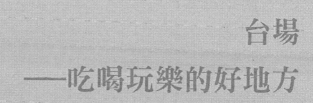

台場
——吃喝玩樂的好地方

文：君靈鈴

新的地點新的體驗，與母親下了車後發現停車場廣闊，而四周數棟碩大的建築物林立，都市感撲面而來然後又看到遠方一尊巨大的機器人矗立，霎時覺得台場這個地方還真有臨場感，所以不多說，GO 就對了！

　　而因為目光實在毫無抗拒地被巨大機器人所給吸引，腳步也就沒有停留往那方走去，直到走到機器人面前赫然發現，這尺寸真不是開玩笑的，本想好好欣賞之際卻忽然想到剛剛領隊說機器人在一個整點時刻會動起來，看了下時間發現還早，也就暫時先保留這驚喜，先進去建築物裡頭瞧瞧再說。

　　既然是逛街的地方，其實感覺跟台灣的商場大同小異，只是販賣的商品有些不同罷了，不過既然來了還是到處瞧瞧，但說實話有點心不在焉，因為滿心期待的機器人秀在稍後就要開啟，逛街該有的雀躍全被另一種期待給取代了。

　　結果，等待的確是沒讓人失望，時間雖短但第一次見到這個短短的巨大機器人秀還是挺值得的，看完之後目光朝著四周打量了一下，想著距離集合時間還很久，立刻決定要到另一棟建築物去逛逛，孰不知這麼恰好，走了一段路才靠近而已，就發現有一個小展覽正在進行，一股復古氛圍撲面而來。

逛著逛著肚子不知不覺也餓了，行程表上早就註明這餐得自個兒解決，所以跟母親就開始討論晚餐想吃什麼一邊物色餐廳，最後挑了間頗寬敞的餐廳進入。

日本的物價比較高，這點我們是知道的，所以看到單價並沒有太驚訝，基本上是還可以接受的範圍，擔憂的是美味與否的問題，人都是這樣的，對陌生的人事物總是充滿不安感，對於即將到來的漢堡排跟義大利麵的滋味抱著期待，但也怕就這樣踩雷。

「媽咪，我的麵好吃耶！」

「我的漢堡排也好吃！」

母女倆對視一眼就紛紛開心的笑了，這一餐不但沒踩雷，還讓我們嚐到了美味的風味，尤其是漢堡排上面還蓋了一塊Mozzarella，跟漢堡排一起入口的滋味真的很美妙，令人難忘。

然而快樂的吃完晚餐之後，集合時間也差不多要到了，滿足了口腹之慾的母女倆就手勾著手一步步走向集合處，這趟台場之旅也就此畫上句點。

說實話，時間是不太夠，但跟團就是如此也沒有辦法，但因為滿足了視覺、味覺，也看到了小展覽，還有稍微逛了下街，所以如果下回再有機會來台場的話，更深入花費更多時間在此應該是很不錯的選擇，吃喝玩樂這四大選項不用多說，很明顯

59

在此都可以如願，自然是個不容錯過、必須在計畫上添上一筆的地方！

白絲瀑布
——宛若人間仙境

文：君靈鈴

這趟日本之行去了頗多地方，但白絲瀑布讓人留下深刻印象，不知道是否因為正值冬季白雪紛飛增添了它的美感，總之在下車後，一路往瀑布方向前進時就感覺到它不同於其他地方的幽靜與靈氣。

　　說它像人間仙境其實一點都不誇張，當日到訪時因為遊客不多，我們去的時間也早，所以幾乎可說是僅有我們這一團的人在當地，所以可以好好瞧瞧白絲瀑布的美，自然是不在話下。

　　而且說巧不巧，明明離開飯店時已經沒有下雪，但當車輛越靠近白絲瀑布，雪花竟然開始飄飛近而雪量轉大，到達時一下車就被雪花襲擊，一股冷意瞬間襲來讓人不禁拉緊領口，但卻無損想趕緊去探訪瀑布之美的意念。

　　就這樣感受著與家鄉冬季迥異的氣氛，在雪中順著去瀑布的路直行，一路上順便欣賞部分凍結了卻還水流淌著的小溪，這不曾見過的景象讓人駐足，但無法太久，因為上頭還有更美的風景正在等待我們到訪。

　　結果，到達之後發現，跟印象中的瀑布相比，白絲瀑布的高度並不高，而且可說是狀態非常整齊，一整排涓涓細流沿著山壁而下如同一條條絲線，頓時明白了它名為白絲瀑布的原由。

　　陌生的雪白世界，一旁沒有間斷的絲線水舞，勾起人忍不住想打雪仗的衝動，頓時蹲下身快速捏好一團雪球就往母親那

方丟去，然後自然也得到了相同的回報，既然是打雪仗嘛，當然是一來一往才好玩，所以這麼難得的機會沒有人想錯過，趁著遊客不多的時間，同行者也學我們打起了雪仗，大夥兒玩得不亦樂乎，差點忘了規劃在此停留的時間並不長。下方還有些商店可以逛逛，大夥兒也就紛紛收手，趕緊拍照留念然後再慢慢往下車處走去。

考岩魚是當地的特色之一，若是喜歡吃魚自然可以花一點錢買來嚐嚐，而不喜歡吃魚的人旁邊也有商店可以逛，裡頭販賣的是一些點心零嘴類的商品，買來自用送人倒是都很適合。

至於聽說的每年二月的星期五、六、日下午四點至七點都會有浪漫的點燈儀式，因為去的季節跟時間都不對，自然也是看不到，不過有機會的話倒是會想再來一趟，體驗一下不同季節的白絲瀑布是怎麼樣的景象，相信也是美麗不可方物，令人如臨仙境吧？

日本情懷

冰川神社
——來釣隻姻緣魚吧

文：君靈鈴

旅行中的一站來到了位於小江戶川越有著 1,500 年歷史的「冰川神社」，它不僅被指定為川越市的文化遺產，而且還擁有日本最大的木製鳥居，抬頭一望鳥居的高聳碩大的確讓人震撼，讓本來想著神社應該都大同小異的我，著實感到嘆為觀止，但沒想到冰川神社不僅於此，還有個很特別之處，就是可以用釣竿釣姻緣魚。

當然魚不是真的，而是一種類似吊飾的吉祥物，就跟愛情御守的意義相同，只是型態不同，但如此特別的方式讓人會心一笑，鯛魚狀的外觀也讓人聯想到日本視鯛魚為吉祥的觀念。

但冰川神社的有趣之處不僅於此，如果不想釣魚，要買其他御守也是不會讓人失望，除了愛情方面的御守，舉凡安產、出入平安、學業等等方面的御守也都有販賣，但聽領隊說還是戀愛方面的御守賣得最好，而且還有赤緣筆可以購買。

這支外觀可愛的筆可不僅是可愛而已，據領隊解釋，這赤緣筆右邊是女左邊是男，上頭綁著紅線，當筆越用越短，兩人之間的緣分也越拉越近，而且所有在神社購買的御守都可以讓巫女加持，相信應該會更加靈驗吧？

而既然來到此地，不出手釣隻鯛魚回家怎行？

然而靠近之後發現，原來魚有兩種顏色，粉色是戀愛而紅色是招福，所以就看到已婚的同伴先是瞄了眼粉色，然後認命

去釣紅色，而未婚的就快快樂樂去釣粉色，也是一幅很有趣的景象。

不過除了釣魚之外，冰川神社還有一個走近之後頗驚人的景象，就是它的繪馬隧道，還沒走進去就已經感覺到隧道兩旁密密麻麻的繪馬數量驚人，而真正走進去之後發現，那密集程度真是超乎想像，也不難看出此地可能真的很靈驗，參訪者才會購買繪馬許下自己的心願並掛上，藉此祈求各方面安定平安順遂。

而據領隊說此地在每年七月至八月底會舉辦結緣風鈴祭，聽說會更熱鬧，但因為去的時間並不是在這段時間內，所以無緣得見，但這趟去的時候人潮已然不少，也不難想像舉辦風鈴祭的時候會有多少人來參拜了。

總之，冰川神社是個很值得一來的地方，除了有日本最大的木製鳥居可以觀看之外，體驗釣一隻與其他神社不同購買方式的魚形御守也是很不錯的體驗，雖然停留時間不長，但印象卻很深刻，畢竟事事如意萬事平安是人人心之所願，也是人們喜愛參拜的原因之一。

藏造老街
——不容錯過的氛圍

文：君靈鈴

藏造老街離冰川神社很近，所以到了此區域，不管是先去神社，還是先逛老街都挺好的。

　　但因為旅行團的安排是先到神社，所以造訪藏造老街也就成了拜訪完神社後我們一行人前往的區域。

　　導遊給的時間還算充裕，所以雖然下著雨又飄了點小雪，卻沒有影響到我們想好好一逛老街的心情，只因還沒正式靠近老街中心點，就已經被它濃濃的日式氛圍給吸引。

　　因為去的時候天氣不太好，所以遊客不算多，但無減我們的遊興，而且因為下雨兼下雪反倒為老街增添一分靈氣，而兩旁的看來老舊的建築物有著幾分京都的味道，逛著逛著就有種走入時光隧道的感覺。

　　當然川越的地標「時之鐘」肯定是不能錯過的，雖然它就是一個鐘樓，但既然都來了，怎麼不去瞧一瞧？

　　這座鐘樓共有三層，高約 16 公尺，但除了鐘樓之外，老街上的各個店家更是不能錯過，除了吃的、玩的、當然也有觀賞用的，而撇除這些純拍照也是一個很好的選擇，因為懷古風情真的太濃厚，太引人入勝了。

　　只是有點可惜的是因為當天天候不佳，有開門的店家不多，但如果想買伴手禮或是紀念品之類的，還是不會讓人失望的，

尤其是這邊幾家店面深度都還滿深的，走入去之後一逛就消耗了很多時間，雖然不一定會下手購買，不過看看迥異於故鄉的禮品、紀念品，也是出國在外的一種樂趣呢！

然而走著走著，遇上了一間販賣鰻魚飯的店家，本來是想進去嚐嚐的，但礙於旅行團的吃食大多是安排好的，而且遇上的時間點也還不餓，猶豫了一下之後便忍痛跟它 SAY BYE BYE，但遇上醬汁店的時候就忍不住打開錢包了，因為看到芝麻醬不買實在對不起自己，尤其老闆娘還很熱情招呼試吃芝麻豆腐跟端了兩杯熱茶招待，不帶兩罐醬離開怎麼可以？

後來聽說其實本地是有人力車的，但是我們到訪的時候並沒有看見人力車的蹤影，想來可能又得讓天候不住肯一次鍋，但雨雪紛飛的場景配上濃濃日式古意的建築與氛圍，對人們而言或許更令人難忘才是。

說來藏造老街其實是個很好逛的地方，有的店可能在門口就有驚喜，有的卻是要進入之後才能挖掘到驚奇，也讓到訪的這一天成為一個美好的回憶。

嚕嚕米公園
——充滿北歐風情的童趣天地

文：君靈鈴

必須說，嚕嚕米公園占地比想像中小一點，但不妨礙它的有趣，在這裡感覺可以一瞬間回到童年，畢竟看到可愛的嚕嚕米家族加上園區設置感覺就是來到嚕嚕米家園拜訪，置身其中怎能不沉迷？

　　來到這個亞洲唯一的嚕嚕米園區可以發現一切都很用心，入口就有非常大的鏤空書本裝置藝術，而看到這些書本也代表即將正式進入嚕嚕米的世界。

　　但因為去的時候下著雨，所以遊客很少，土地也有些泥濘，所以毫不猶豫就先直奔嚕嚕米小屋，打算瞧一瞧他們的生活環境。

　　聽著介紹才知道，原來嚕嚕米來自芬蘭，所以園區才會充滿北歐風情，這迥異於這次日本之行的氣氛讓人留下深刻的印象，而屋內的擺設陳列據說都是從北歐帶過來的，非常忠實的呈現在芬蘭生活的嚕嚕米一家的家居狀態。

　　不過，因為停留時間不長，所以並沒有機會觀看嚕嚕米的戶外表演，這一點至今仍感到有點可惜。

　　不過可惜歸可惜，既然無法看表演，那就多逛逛園區，畢竟在出了嚕嚕米小屋之後周圍也還有許多值得去走走看看的地方，來都來了，不看看怎麼可以？

　　基本上周圍的小屋就是遊戲場、商店之類的地方，尤其是商店，喜歡嚕嚕米的朋友來這裡應該會買到瘋掉吧？畢竟嚕嚕米各項紀念品看起來都很值得入手，款式種類也算應有盡有啥都有的感覺，所謂「走過、路過、不要錯過」，帶一個紀念品回家也是不錯的選擇，不管是觀賞性質還是實用性質的都有，這種時候稍微打開荷包應該沒關係吧？

　　然後，聽說園區可以親手製作專屬自己的嚕嚕米胸針，但因為停留時間不長，我們一行人就沒有去體驗，但下次有機會的話大夥兒都說想嘗試看看，畢竟自己親手製作的話似乎更有紀念的價值呢！

　　可以的話，希望下次再到訪嚕嚕米公園的時候是春夏，而不是這次寒冷的冬天，因為想瞧瞧百花盛開的園區是什麼景象，在搭車離開的時候想像若是春天或夏天，到園區內的餐廳用餐，同時一邊欣賞一下帶著北歐氛圍的美景，畫面感應該非常吸人眼球吧！

　　總之，嚕嚕米公園是個可以療癒人心的地方，在汲汲營營的忙碌生活中來到此地，總覺得心中積累的疲勞感得到了釋放，所謂旅行的真諦大抵也就是這樣了吧！

三溪園
——四季皆美的國定文化財

文：君靈鈴

真的是不誇張，一到此地，我們一行人還沒喘口氣，就聽到旁邊許多本國遊客吱吱喳喳的在說些什麼，表情帶著興奮、開心、也有一絲絲分享寶藏的氛圍，讓同行的夥伴不禁好奇地詢問領隊，想知道這些本國遊客來到三溪園為何會反應有些令人訝異。

結果領隊淡淡一笑，朝著大夥兒說這是因為三溪園四季都有不同景致，不管哪個季節都很漂亮，所以那些本國遊客是在分享自己上回來到三溪園是哪個季節，並強烈推薦同行者一定要在不同的季節再來造訪三溪園，因為此地真的非常值得一來再來。

然而三溪園的入口其實並不讓人驚艷，驚喜是在入園之後，不用太刻意就可以發現景色果然不同凡響，而在領隊的解說下才知道，原來三溪園本來是私人所有，占地約有 17 萬平方米，分為內苑外苑，園內種滿了不同花種植物，這也是為什麼三溪園會是一個四季都能前來的地方，因為每個時期來都能看到不同花兒迎風綻放的景觀。

而因為占地廣闊，所以園區視野開闊且維護良好，不用刻意去詢問也能發現此地被精心保護著，但這也可能是因為園區內有不少國家重要文化財產，而且很多還是從其他地方搬過來的，所以不能不謹慎吧！

不過，因為還沒有自由活動，而是必須先去參與行程內安排的茶道活動，所以就只能先撇開美景，讓自己投入日式茶的懷抱中，然後再帶著茶香自由遊覽這個美景之地。

令人驚奇的是三溪園內不僅有許多古蹟，還有合掌屋而且可以參觀，所以秉持著既然來了就什麼都看看瞧瞧的精神，拜訪了合掌屋還有一些古蹟建築之後才開始正式踏入拍照的路途。

說實在話，三溪園非常好拍，好拍到說誇張些根本就是隨手都是明信片等級，加上園內氣氛悠閒，令人感到相當自在，不知不覺拍得起勁也不在話下，而如果走累了拍累了，也可以到水邊坐坐，愜意的欣賞著粼粼水光及花草樹木的倒影，也是一個很不錯的選擇，但要小心不要打盹兒就是了，因為環境太舒服也會讓人想沉入夢鄉呢！

只是，因為不是自由行，所以要打盹兒也沒有機會，在不能再久待的遺憾中結束了這次的三溪園拜訪之行，但心中總是有股聲音告訴自己，當季節交替時，或許應該再來走走，體會三溪園更多不同的風貌才是呢！

橫濱港未來 21
——絕美夜景錯過可惜

文：君靈鈴

其實在到訪之前就已經聽說過，此地的夜景有多令人讚嘆，但實際來到此地之後才發現，網路上的圖片看見的美麗，跟親眼所見的，絕對無法比擬。

　　夜景是橫濱港未來 21 的賣點也是重點，來到此地，如果不登高一望欣賞美麗的夜景，就真的只能說白來此一趟，而且說不準離開之後，回想起來忽然發現自己是個傻子，都來到貴寶地了，居然沒有親眼去欣賞那個地區最值得一瞧的景色。

　　但在瞧之前也不要忘了先了解一下，例如所謂的港未來指的其實是面向橫濱港的海灣地區總稱，而除了必看的夜景之外，倘若是白天前來也不用怕無聊，這個區域有多間商場還有博物館、美術館、遊樂園、公園等等，就算是專程提早過來等待看夜景的時刻也絕對不會讓人失望，一整天都待在這個區域也不會覺得無聊，也導致我們一行人，在完成最後目的看夜景之後，欲離開卻還覺得意猶未盡，心想著這回有點小失算，但沒關係，下回再來肯定多排上一天讓自己繼續流連忘返在這個有吃、有玩，又有美景看的地方。

　　就像紅磚倉庫，占地頗大又是紅通通的外觀，讓人不注意到都不行，而進去一看，發現它就是個綜合購物商場，在這裡基本上想買的都有，不想買的大概也會不小心手滑。

　　另外不可錯過的還有橫濱太空世界，先不提其他 30 幾種遊樂設施，光是那個佇立在港邊的摩天輪就夠吸引人的了，這個名為「Cosmo Clock 21」的摩天輪實際上也是這個遊樂園最出名的設施，高約 112 公尺的設計可以很輕易俯瞰港未來地區的美景，夜晚與白天都是不同風情，也讓同行中比較膽小的同伴也鼓起勇氣搭上，然後在最高處瞬間忘了害怕，只記得要睜大雙眼把景色刻劃在眼底心裡。

　　然後，千萬別忘了拍照，不管白天夜晚，這裡都相當好拍，根本不需要擔心拍不到好看的照片，只要擔心手機或是相機容量夠不夠的問題就可以，尤其是夜晚如果登上橫濱地標塔 69 樓的展望台，那一覽無遺的美景，真是會讓人快門按個不停，但說實話就像前頭說的，就算照片拍的再美真的是不及親眼所見的震撼。

　　所以後來想想，覺得很慶幸這次旅行將橫濱港未來 21 這個區域安排進行程裡，不只沒有失望，得到的還遠比想像的更多更豐富，不只用夜景豐富了雙眼也融化了內心，真真是一個非常值得到訪的地方，錯過實在是非常可惜呢！

蘆之湖
——湖光山色的寶地

文：君靈鈴

這回的日本行，看到行程裡安排了蘆之湖後，很是好奇就去搜尋了一下，結果發現這個湖居然是火山爆發下的一個產物，而現在的湖水則是幾乎都為湖底湧出的泉水。

　　讀了文章感覺是挺驚奇的，但結果讓人期待的不僅於此，而是這裡被稱為可以欣賞富士山風景的名勝區，也就讓人更加希望可以早日到訪這個地方了。

　　然而到了要拜訪蘆之湖這天，領隊在車上就說了，說如果來到箱根這個地區，那麼蘆之湖就是大家絕對不能走過路過的景點，因為蘆之湖的風景實在是太美了，錯過非常可惜。

　　說實話，領隊沒有說謊，這個地點確實是個非常值得一來的地方，而蘆之湖觀光的重點之一「海賊船遊湖」這個活動更是讓人對蘆之湖的美有更進一步的領會。

　　海賊船遊湖的船程約 40 分鐘，但可說是絕無冷場，因為沿途景色美不勝收令人目不暇給，甚至會在結束後還依依不捨，有種想再搭一趟將方才盡收眼底的美景再重溫一次的衝動呢！

　　不過除了海賊船，來到此地纜車也是不能錯過的，畢竟在高空俯瞰的景色一定與在平地或水上不同，可以看得更遠不說，天氣許可之下還可以看到富士山，非常值回票價。

但除了這些，領隊說了，其實到蘆之湖畔由某家飯店直營的餐廳坐坐也是不錯的選擇，因為這家餐廳的紅茶可是被日本紅茶協會認定為「絕品紅茶的店」，店內幾乎都備有 20 種類的紅茶可供顧客選擇，且除了茶之外餐點也很美味可口，說的大家口水都快流下來了，領隊還沒有罷休的打算，所以二話不說，直接上門吃好茶吃美食去也！

而當然來都來了，行程上當然也沒少了「箱根神社」這個火爆的景點，雖然不久前搭船已經瞥見矗立在湖邊的「平和鳥居」，但卻因為神社其他部分隱藏在森林之中，非得親自來一趟才得見神社的全貌，而不得不說，實際到了神社，也不知道是否因為它隱藏在森林中，總覺得跟曾經去過的其他日本神社不太一樣，有種純淨靜謐又莊嚴的感覺，而那佇立在水中的鳥居更是讓大家都拍照拍瘋了，畢竟水光瀲灩的湖面佐以鮮紅色的鳥居，這強烈的對比色堪稱絕配，不拍下當紀念就枉費來這一趟了！

所以，雖然在蘆之湖這裡耗了一整天，但完全沒有一絲絲想走的慾望，反而想繼續留下來體驗它的美，畢竟大自然所施展的幻術是最神奇的，在這次見識了如此美景後，讓人禁不住猜想，如果不同季節再來造訪會是怎樣呢？

東京迪士尼樂園渡假區

文：李維

不敢說全部,但應該有不少遊客到東京,都必定會到東京迪士尼樂園一行。東京迪士尼樂園分成陸上及海洋兩個大樂園,位處於東京灣,景色怡人,在這裡暢遊樂園是賞心樂事。

東京迪士尼樂園的最大特色就是工作人員的笑容,或許就是與日本人傳統服務業宗旨相符,而原本的美國迪士尼公司,同樣是售賣笑容,每一個角落,都可以看到的迪士尼員工笑容滿面,並且輕輕揮手,以示歡迎。這種結合,堪稱完美。雖然其他地區的迪士尼工作人員都同樣會有笑容,不過,相比起日本人,總是缺少了一點溫馨。

在東京灣這片渡假區土地上,有迪士尼的單軌列車迪士尼渡假區線運行,是圍著一個大圈,不停的循環行走,當中有四個車站。分別是舞濱站、東京迪士尼樂園站、海邊站及東京迪士尼海洋站。

兩個樂園車站,要到樂園,自然會在該站進出,而舞濱站卻是很重要 除了進入市區轉乘之外 這裡相鄰的 Ikspiari Mall,就是一個購物中心,當然也有不少餐廳,有各地的特色菜供選擇,以我來說,當然會吃日本料理餐廳。只有東京灣這個迪士尼樂園渡假區,真的可以不用離開,直至盡興而歸。不過,晚飯時間可要注意,因為下班人潮眾多,要有心理準備,可能要排隊排很長的時間了!

　　至於海邊站，每次來這裡都喜歡住東京灣希爾頓酒店，所以，這一站也是必經之路，從車站步行到飯店，只需五分鐘，簡單說，這四個站每次來到時，全部都會有使用過。

　　談到這單軌列車，有別於其他的鐵路，除了車廂充滿特色，畫滿了迪士尼的各種圖案之外，在車站還可以聽到迪士尼的多首動畫音樂，每次坐這列車，都可以放鬆心情，再加上看到其他乘客，無論是成人或小朋友，大家都懷著快樂的心情，充滿笑話，不少還戴上迪士尼各種造型的帽子及衣服，真的充滿童話的夢幻感覺，令人非常舒適。

　　如果在晚上乘坐的話，眾多人潮當然是離園的人，除了各人的各種裝扮外，大家還帶著大包小包，都是迪士尼的玩具或紀念品，這種歡樂氣氛更令所有人都更開心。

　　就算不喜歡到迪士尼遊玩，其實在心情不好時，走來迪士尼樂園渡假區，坐坐單軌列車，感受一下大家的快樂心情，心情都應該可以變好。

東京迪士尼樂園

文：李維

　　東京迪士尼樂園兩大園區，分別是陸地及海洋，兩個同樣有不同的特色。如果以特別來算，當然是海洋，因為全世界只有東京的才有海洋樂園。

　　迪士尼海洋在兩個地標，從正門進去，就可以看到「水之行星」（Aqua Sphere），就是一個地球模型的噴泉，第一次看到，還有點以為到了環球影城。往前行，經過一座城堡後，就看到一個大湖，及「普羅美修士火山」，這座火山會定時「火山爆發」，非常壯麗。

　　樂園中的小湖，以南歐小港為主題，所以感覺很像義大利的味道，湖的周邊，還有不少歐洲建築，儼如置身南歐一樣，忘了身在日本。其中還有一艘古代的海盜船，船上還有一些大炮裝置，接下繩子，還有發炮的巨響。

　　另一邊過了一條鐵橋，一眼看過去還以為有一艘鐵達尼號，看真點這船並不太大，船身還寫上 Columbia，這就不是鐵達尼號了！這艘船除了有遊樂設施外，還有餐廳，而且還是高級西餐廳。

　　在船上的餐廳內用餐，別有一番滋味，除了裝潢跟船一樣外，餐點算是高水準，牛排的級數頗高，吃過真的想再來。

　　樂園中其他設施當然以玩樂為主，最大特色就是人很多，要排隊平均都要一小時以上，雖然迪士尼海洋比較有特色，但個人還是喜歡陸地樂園較多。

　　東京迪士尼陸地樂園，就與世界其他地方的樂園相近，中間一座大城堡，然後圍著城堡的各種玩樂設施。喜歡這裡的原因，主要因為有一個名為「星際旅行（Star Tour）」的遊樂設施，這正是電影《星際大戰》為主題的遊戲。

　　「星際旅行」就是一項 4D 立體電影的遊戲，遊戲內容是由電影的機器人 C3PO 開著星際太空船，帶著乘客穿越各集的《星際大戰》電影，時而太空，時而海底，會遇到不少戰爭場面，也會出現電影中的人物。

　　或許來迪士尼的遊客，大部分都以迪士尼的電影為中心，相對這部《星際大戰》卻是 Fox 電影公司原創，比較沒有那麼多人青睞，一般排隊時間約半小時，晚上更可以五分鐘便排得到。因為可以穿越多集的電影，而且，也製作了多部不同電影，所以，每次看都會有驚喜，甚少會遇到重覆的。每次來到迪士尼樂園，這項遊樂設施至少會玩五六次以上。

　　據說樂園還會陸續興建美女與野獸場館，及迪士尼天空樂園，相信數年後，這裡的興奮指數只會再向上升。

超級任天堂世界刺激旅遊業

文：李維

你有想過駕駛瑪利歐賽車(Mario Kart)風馳電掣嗎？機會來了。日本大阪環球影城「超級任天堂世界」（ SUPER NINTENDO WORLD ），自 2017 年動工，便引來全球關注，終於在 2021 年 3 月 18 日開幕，當中玩意包括真實版瑪利歐賽車，盼望用各種玩意，去刺激日本旅遊業的復甦。

　　《日經新聞網》報道，「超級任天堂世界」投資額涉逾 600 億日圓（ 約台幣 157 億元 ），是日本環球影城內首座多層次園區，當中包括庫巴城、碧姬城、長棒山這三大場景，同時有遊樂設施「瑪利歐賽車」、「耀西大冒險」，還有體感遊樂設施／鑰匙挑戰「瞄準！慢慢龜？POW 磚塊拳」、「阻止它！食人花？恐慌警報」等，活脫脫是把遊戲中的瑪利歐世界用放射槍放大再擺進現實。

　　在眾多電玩遊戲之中，最有速度感莫過於瑪利歐賽車，來到「超級任天堂世界」，這個遊樂設施名為「瑪利歐賽車～庫巴的挑戰書」，玩家成為瑪利歐賽車一員，和庫巴車隊來一場賽車對決。車手要配合賽道操作方向盤，以龜殼來攻擊敵方車隊（ 可攻擊視線朝向的方向 ），然後就獲得金幣。賽事以金幣數量來決勝負，最後還會顯示出每一名參加玩家的金幣數量，實在有趣。如果想單純地遊覽園區，可以選擇「耀西大冒險」，坐在耀西車輛上環顧這個「超級任天堂世界」的景色。

　　如果玩家們對於賽車興趣不大，也可以試試園區特色的「Power Up Band／力量提升手環」，這個道具結合了行動電話app 和園區內的設施，透過敲磚和收集金幣，你便可以在園區內闖關，高科技互動性能令你如同真的置身在遊戲裡的瑪利歐世界一般。以往只用手指和腦筋去打倒大壞蛋庫巴，這次就要用上全身動作，考驗玩家體力。玩家只要手上戴著力量提升手環，再從下方敲打磚塊，馬上聽到很耳熟的音效，並同時在軟件內獲得金幣，就如同打玩聽到親切的遊戲音效一樣。

　　遊玩末段，玩家可以去「奇諾比奧咖啡廳」享用特色美食、去到商店「1UP 工廠」能盡情遊覽購物，為旅程畫上完美句號。疫情過後，當旅遊業全面復甦，這個大阪環球影城肯定是亞洲甚至全世界人都想遊玩的地方。特別是有小孩的家庭，這個樂園可以說是不容錯過吧？

秋葉原 GUNDAM Café

文：李維

　　男人愛高達（鋼彈），女人不明白。筆者從小就喜歡高達，故事裡的人物如數家珍，例如非常喜歡的馬沙（夏亞・阿茲納布），或自護（吉翁）等，雖然這類型動畫主線是打來打去，但畢竟看了那麼多年，始終都有感情存在，而且算得上是十分沉迷。

　　可能在男人心中，駕駛高達作戰保衛地球是一件十分有型的事情，幻想情節未能實現，於是便買下模型回家玩樂，看著製成品心滿意足，而且在完成每一件模型時，過程也是一種非常的享受。只要喜歡高達，在秋葉原「高達咖啡東京品牌中心」（GUNDAM Café TOKYO BRAND CORE）一定不能錯過。

　　這家餐廳原本名為 GUNDAM Café，位於日本秋葉原，並且在 2020 年擴建，店面擴充四倍至約 700 平方米，並且易名為「高達咖啡東京品牌中心」（GUNDAM Café TOKYO BRAND CORE）。店內有四大區域，分別：Zeon's Diner TOKYO、餐飲區、商品區以及 fortuneLatte Café。

　　在兩大用餐區域內，一個設有全長 18 米、宇宙戰艦窗一樣的顯示屏，上面展示在太空飛行的機動戰士等角色。另一個區域的中央桌子擺上食物後，會用互動形式投射出高達戰鬥場面，非常刺激有趣。食物方面，同樣會加入高達元素和特色，例如「夏亞・阿茲納布與卡爾馬・扎比致贈的『破曉起義集會』」、「基拉・大和（煌・大和）與阿斯蘭・薩拉」的報恩

「初料理」等。不過這一切是綽頭居多，實際味道見仁見智。置身高達包圍的環境下用餐，或者會有置身於浩瀚宇宙的錯覺，以為自己一時三刻跌入動畫世界中，脫離現實。

當然，這家 GUNDAM Café 既然是以高達為主題，當然少不了大量商品。周邊商店有大約 360 種商品，其中約三分之一更是餐廳限定商品，保證在街外買不到。如果想買一些高達玩具，或者高達餅乾和友人分享，商品區是絕對不能錯過之地。因應疫情，該店甚至有透明面罩出售，玩味及實際作用俱備。

目前日本最著名的 GUNDAM Café 是在台場及秋葉原，營運該設施的萬代 SPIRITS（東京）還考慮在海外開店，但一切視乎反應而定。秋葉原店因應疫情，目前全部是在官網採取預約制，動身前還是要上官網查看一番，然後幻想一起化身高達戰士作戰。

太宰府天滿宮追憶學問之神

文：李維

在日本的信仰文化方面，有一家神社設置神牛雕像供人參拜，它就是「總壇」位於福岡太宰府市的天滿宮，供奉「學問之神」菅原道真。全日本學子想考試金榜提名，都會考慮到此地一遊參拜。

由於筆者是漫畫迷，初次接觸「學問之神」菅原道真，是在《GS美神極樂大作戰！！》中後段的故事，菅原道真在漫畫中一度成為大魔頭阿舍塔羅的手下。現實中，菅原道真是在乙丑牛年（845年）誕生，巧合地連他逝世的903年2月25日，在曆法上也是屬牛的丑日，可見他一生與牛有緣。

菅原道真曾擔任當時最重要的右大臣職位，是著名學者及政治家，一度位高權重，後來因為權鬥被誣告而被貶至今日九州福岡縣的太宰府，遠離政治中心之地京都。菅原道真被貶，彷彿是被發配邊疆，兩年後鬱鬱而終。相傳他的遺體由牛車運往安葬，可是運送中途，牛隻不肯移動，無計可施下只有就地下葬。在他身故後，天災接踵而來，及後朝廷追封他為主理學問的天滿天神，同時為他建立太宰府天滿宮以作供奉，一切才得以回復正常。

菅原道真身故後被朝廷賜封為神明，太宰府天滿宮成為學子參拜之地，每年都引來接近一千萬人次來訪，祈求增進學問及考試合格。因為菅原道真與牛有密切關係，牛隻被視為他的神使，日本全國各地的天滿宮都可以看見神牛雕像，名為「御

神牛」(Goshingyu)。不少善信每次到訪天滿宮,除了和神牛合照之外,又會爭相撫摸雕像祈福,例如撫摸牛頭寓意增長智慧及保持頭腦清醒,撫摸牛腿後再摸摸自己的腿來祈求身體健康,甚至忍不住把牛像全身摸過一遍,難怪不少牛像看起來閃閃發亮。

日本全國各地,供奉菅公的神社多達一萬間,太宰府天滿宮為菅原道真埋骨之地。京都北野天滿宮則是規模最大,防府天滿宮與前兩者並稱為三大天滿宮。其中,太宰府內的梅花是由全國各地供奉給天神殿下的「獻梅」,共有 200 個品種,花期各有不同。每年二月上旬至三月中旬,約六千株的梅花樹將天滿宮粉飾得美不勝收。

眾所周知的「飛梅傳說」,正是菅原道真被左大臣誣陷而作的和歌,以梅花比喻自己的氣節和傲骨。《東風》:「當東風吹起時,飄散芬芳的梅花啊,即使主人不在,也別忘記春天的到來。」傳說,梅樹因為思念主人菅原道真,一夜之間由京都飛到太宰府,此後本殿前的梅花就被稱為飛梅。這是一株樹齡超過一千年,每年初春仍然開花的神木。如果有幸來到太宰府,不妨咬著梅餅,再在神木面前感受這個穿越時空的故事吧。

日本情懷

《龍珠超》孫悟空由人變神

文：李維

日本長壽作品《龍珠》由 1984 年發展至今，足足 36 年，人氣歷久不衰，成為亞洲甚至世界其中一部廣為人知的動漫佳作。龍珠原作者鳥山明今年 65 歲，創作力仍然維持一定水平，在 2015 年開始擔任《龍珠超》動漫的原案，同時給予靈感後輩製作漫畫版《龍珠超》。只是《龍珠超》的劇情與以前相比的確缺少震撼力，感覺更似是和老朋友聚舊一般。

《龍珠》在八十、九十年代的動漫世界的確是一流作品，資深動漫迷應該記得撒亞人篇、拿美星篇到孫悟空初次變身超級撒亞人的模樣，在九十年代的漫畫及動畫界別都引來極大迴響，不少日本甚至香港動漫作品其後都向這條好橋「致敬」，讓主角變身再展示更強大的威力。然後，《龍珠》發展到人造人及斯路篇，以及魔人布歐篇作結，本來已經是完美句號。只是，《龍珠》作為暢銷作品吸金力特強，加上動畫公司的人仍想延續故事，結果在鳥山明同意下創作了《龍珠 GT》，故事結尾更隱喻孫悟空解決問題之後和龍珠一起消失，是一個開放式的結局。

純動畫作品《龍珠 GT》在 1997 年完結，去到 2009 年，東映動畫為紀念《龍珠》動畫上二十周年製作《龍珠改》，基本上只是舊瓶新酒重製動畫，播放到 2015 年完結。此舉引蛇出洞，2015 年，鳥山明靜極思動，配合東映動畫推出《龍珠超》

展開嶄新的故事，同時在《V-Jump》連載漫畫版，並由豐太郎擔任作畫，連載至今仍然未完。

這樣的一套長壽作品玩足 36 年，漫畫、動畫、遊戲、模型，甚至今代手遊作品《Dragon Ball Z: Dokkan Battle》都是吸金力特強。特別是在今個世代的手遊天下，《Dragon Ball Z: Dokkan Battle》收入驚人，截至 2019 年十一月，全球累積收入突破二十億美元，名副其實是會生金蛋的母雞。

每當《龍珠超》的動漫作品有新人物加入，手遊作品《Dragon Ball Z: Dokkan Battle》都會不定時更新，務求玩家兼擁薑課金抽強角，這種循環正好是今代吸金的新來源。難怪作品中的孫悟空要不斷變身，由人變神保持新鮮感，務求有話題及變化一直引人追看。以往的孫悟空在動漫作品中只是一個力求變強、一心向善的角色，現在卻是現實世界中製作公司的搖錢樹，為了賺錢不能貿然寫結局拜拜，情況就似《鬼滅之刃》一樣，即使結局了仍然要有新產品推出，務求動漫迷繼續課金。

《哆啦 A 夢》電影新作
大雄為何逃婚了？

文：李維

由日本漫畫家藤子·F·不二雄繪畫、著名長壽漫畫《哆啦 A 夢》由 1969 年連載至 1996 年，全數 45 冊及 1,345 話故事，早已經是全亞洲甚至世界上漫畫迷都可能閱讀過的美好作品。踏入 2021 年二月，台灣有《哆啦 A 夢》的新電影作品上演，故事主線是大雄在和靜香的婚禮前夕逃婚了，到底所為何事？

　　這次故事接續電影前作《STAND BY ME 哆啦 A 夢》，大雄某日忽然想起自己讀幼稚園時過世的嫲嫲而感到傷心，於是他便乘坐時光機回到過去，打算偷偷再見嫲嫲一面，沒想到卻被對方發現了，令嫲嫲意外地見到小學生時代的大雄。在這個天馬行空的背景設定之下，一個連接過去、現在與未來的故事就此展開。

　　看了本集電影的預告片，基本上是由三句說話組成主線。第一句，是來自嫲嫲的心聲：「我開始有點想看一眼你未來的新娘子了。」第二句，是來自大雄逃婚前的想法：「奶奶，我有辦法為其他人帶來幸福嗎？」第三句，是來自新娘靜香：「原來的你就很好了，所以請你陪在我身邊。」

　　看了幾段預告片，暫時只能夠零散地拼貼出劇情，具體情節還是要走入電影院在大銀幕欣賞才可以好好享受一番。看到電影中長大了的大雄、胖虎、小夫、靜香等漫畫主角，還有永遠幫助大雄解決問題的哆啦 A 夢，心中不禁浮現溫暖的感覺。

大家如果想看這套 「哆啦 A 夢」五十周年紀念作品，可以在台灣的電影院享受一番。

小時候看《哆啦 A 夢》，總是希望大雄憑藉哆啦 A 夢的法寶可以對付欺凌自己的胖虎與小夫，不要再當一個沒有出息的小孩，做任何事情都總是差人一截，觀賞角度永遠都是自我中心。長大後再看《哆啦 A 夢》，發現故事中著墨最重還是親情和友情，無論是大雄和父母、嫲嫲之間的關係，甚至是他和靜香、胖虎、小夫等人的相處，其實這些細節才是最動人。

《哆啦 A 夢》故事中最神奇的法寶當然是時光機，大雄可以利用它來穿梭過去、現在與未來，到底「能否讓嫲嫲看到大雄的新娘子」，大家看過電影之後自有答案。看到此處忽然想起友人的故事，他成婚之後一直未有和妻子計劃有小孩，父親總是嚷著想抱孫。最後父親離世、妻子懷孕，但這位男友人已經沒法子讓父親可以抱孫為樂。人生總是有遺憾，難怪《哆啦 A 夢》這麼吸引人，如果可以讓時光倒流甚至穿梭未來，那麼是否所有錯過了的時間都可以得到彌補？

115

東京迪士尼
《Toy Story》酒店今年落成

文：李維

要數迪士尼的經典動畫，《Toy Story》肯定榜上有名，由
1995 年第一集去到 2019 年第四集，這套電影真正是陪伴不少
大人和小朋友成長。今年，東京迪士尼決定興建《Toy Story》
主題酒店，是全球第五間，肯定會成為當地最新景點之一。

　　安弟、胡迪警長、巴斯光年、牧羊女，一個又一個鮮明的
動畫角色，曾是不少人心中童年的幻想玩伴。就在製作團隊宣
布，《Toy Story 4》應該是最後一集的時候，卻傳出 2021 年有
東京迪士尼《Toy Story》酒店落成，肯定令不少影迷感到期待，
讓大家在現實世界中有多一次機會再和玩伴相遇。

　　這次東京迪士尼落實興建新酒店，正是配合迪士尼園區擴
建計劃，包括去年增設《美女與野獸》園區，加上鄰近的東京
迪士尼海洋於 2022 年開設三大新園區，分別是《冰雪奇緣》、
《魔髮奇緣》及《小飛俠》，有望帶動人流上升，興建新酒店
絕對有必要。

　　這家新主題酒店名為「Tokyo Disney Resort Toy Story
Hotel」，樓高 11 層，提供 595 間客房、一間餐廳和一間商店，
屬中型類別迪士尼酒店。有網民早前就在東京迪士尼拍攝到新
酒店的建造工程，酒店外牆和安弟房間牆紙一模一樣，影迷看
到肯定感覺分外親切。除了外觀，客房設計更會依照安弟的房
間為藍本，完全是色彩繽紛及充滿童真的氣氛，大家可以期待

著自己化身成《Toy Story》的主人翁，在擺滿玩具的房間遊玩，甚至帶著小朋友一起去玩耍、樂也融融。

這家《Toy Story》酒店，也是繼上海《Toy Story》酒店後第二家以此為主題的酒店。翻看上海酒店的相片，活脫脫就是《Toy Story》裝潢跳到現實之中，一磚一瓦都充滿著電影的夢幻味道。不過，對於超級狂熱的影迷來說，酒店仍未算最好的選擇，在網上看過美國有一位屋主把整間房屋布置成《Toy Story》主題，並且出租為民宿。整座民宿共有三家睡房和兩家浴室，屋主同時提供兒童圖書和玩具，看起來就令人滿心歡喜，甚至比起《Toy Story》酒店更吸引。

曾經聽過一個說法，大人和小孩的最大分別，只不過是玩具不同罷了。無論你是否認同這個說法，都不能否認每個人心底裡都有童真存在。《Toy Story》如此受人歡迎，正是喚醒了每個人心中的玩具記憶。那麼，當日本的《Toy Story》酒店真的落成可以居住時，你又有興趣和家人或者親友一起前去享受一番嗎？

119

日本最後的祕境

文：李維

日本最後的祕境，到底在哪裡？答案是沖繩八重山群島裡面的西表島。西表島是沖繩縣內僅次於沖繩本島的第二大島，叢林覆蓋率約 90%，整座島嶼已獲指定為國定公園，每年吸引大量遊客，是老少咸宜的大自然主題樂園。無論你想享受林木成蔭的綠色環境，還是在清澈海水中蕩漾暢遊，這個島嶼都可以滿足到你。

　　西表島所在地比較偏僻，開發地方不多，保持著最自然的風貌，2020 年更加獲登錄成為世界自然遺產之一，因此被稱為日本最後的祕境。西表島一共有兩個港口，分別是南面的大原港和北面上原港。想參加島上行程的朋友，例如划獨木舟、租車等等，大多會選擇大原港登陸。無論想自駕遊、包車抑或租團體巴士，島上的車輛款式應有盡有。如果想享受公共交通工具環島遊，可以選擇 1,000 日圓的巴士一日券，優哉遊哉消閒一天。

　　西表島占地 289.30 平方公里，島上居民約 2,400 人，非常適合喜歡寧靜環境的人盡情享樂。如果喜歡戶外活動，又有獨木舟、瀑布探險、浮潛、潛水、搭船環島遊，實在多不勝數。西表島海水清澈，搭船環島遊即可欣賞珊瑚礁、紅樹林，即使船底不是透明玻璃，仍可清楚地看到水中生物，實在令人賞心悅目。西表島內都有大量提供一日遊的小店，甚至向所住酒店

查詢，即有大量選擇。如果喜歡登山，可以考慮以 PINAISARA 瀑布或 MARIYUDU 瀑布當終點前進，享受自然風光。

來到西表島，不可錯過的活動是尋找西表山貓，牠是日本國家指定特別天然紀念動物，只在該島生存，目前據說只餘下約百多隻。如果未能遇上，也可以到西表島東部的西表野生生物保護中心，探看有關西表山貓的影片和資料，同時接觸島上其他生物的相關知識。

除了各式活動及尋找有趣的生物，西表島另一不可錯過的事情，就是欣賞美麗的螢火蟲光芒。在每年四月上旬至六月上旬，在叢林間的水池邊有機會看到八重山姬螢火蟲，是此地特有品種的昆蟲之一。螢火蟲之光再加上天上繁星，組合起來的美景令人再三回味。六月下旬至七月下旬，水茄苳（另名：玉蕊）盛開之時，大家還可以親睹甜香花瓣覆滿水面的夢幻美景。

如果想近距離接觸玉蕊，甚至在美景下享受美食，不妨留意星野集團西表島飯店的玉蕊祕景水上早餐。這個套餐只在 2021 年 7 月 5 日至 7 月 15 日舉行，每日只接待兩人（需為酒店顧客）。酒店在水中擺設桌椅，讓大家沐浴在晨光之下呼吸天地靈氣，同時在玉蕊飄流的水景下享受早餐，感覺有如置身仙境一樣。如果錯過了今年的機會，不妨部署明年提早租用服務，享受一個別開生面的早餐。總的來說，如果想去感受日本最自然的風貌，西表島的美景正是風光如畫，實在不容錯過。

向借宿一宵的旅館致謝

文：李維

在武漢肺炎爆發前的一段日子，「窮遊」日本是不少人在假期時會做的事。能夠造就部分經濟能力沒那麼強的人也可以「窮遊」日本，除了是航空公司推出不少廉價機票優惠，價錢比飯店廉價得多的旅館如雨後春筍般發展是必不可少的。只要付出數千日元便可以得到一宿安歇之地，對於住宿要求不高的我來說絕對是非常划算。可是受疫情影響，部分以往曾寄宿的旅館已經抵受不住衝擊而結業，令我感到非常可惜和遺憾。

最近數年來說，如果是自己一個人去東京一帶旅行的話，我都會選擇位於茅場町駅附近的 Oak Hostel Cabin 借宿，選擇這所旅館的最主要原因當然是價錢便宜，就算是周末住宿也只需要 2,500 日元。當然如果只是便宜，服務卻不濟的話也是不能接受的。所以能夠令我一再選擇這旅館的原因，就是因為在價錢便宜之下也能提供不錯的服務，至少無論是就寢的膠囊、洗手間、浴室和交誼間都非常整潔，當然如果希望擁有獨立房間提高私隱度的話，這所旅館也提供相關的服務，只是既然選擇在旅館下榻，是否有獨立房間就不是重點考慮項目了，如果是有這樣的需要，倒不如多付點錢住飯店更好？

當然，這所旅館也有少許不足之處，就是 Wi-Fi 服務偶爾會失靈，當然在外地旅行的話還是使用電話卡上網的機會較多，所以這情況也不是經常出現的話，還是可以勉強接受的。

　　而且選擇這旅館的另一個原因就是雖然價廉物美，卻不是遠離繁華區很遠的地點。旅館距離茅場町駅只有不足十分鐘的步行路程，從茅場町坐車到東京車站和新宿等黃金地段也分別只需要八分鐘和 20 分鐘左右，而且旅館是位於商業大廈區，所以便利超商和各式餐廳都不缺，甚至在附近有超市可以購買生鮮食材，然後拿到交誼區的廚房烹調，這一方面可以說是比住在飯店更有彈性，至少在飯店沒能烹調吧。而且這旅館距離直達機場的公車站很近，大約步行十分鐘便到達，就算是需要很早前往成田機場，坐飛機回國也很方便。

　　另外，有一次我曾經試過因為老家遇上颱風導致回程航班取消，由於原定乘坐的航班所屬的航空公司沒能及時提供其他航班，令我幾乎要滯留在名古屋，幸好我很快從其他航空公司找到數天後從羽田機場出發的回程航班，所以我需要前往東京。

　　雖然這是臨時加插的行程，不過我還能在 Oak Hostel Cabin 找到下榻的床位，而且價錢也不算貴，這才解決了我的住宿需要。所以當我知道經營這所旅館的同一集團的所有旅館因為疫情而結業，我實在感到可惜，也慨嘆人生無常，因為本來我的計劃便是在東京奧運舉行期間到現場觀戰，屆時再於此處下榻，可惜一切已成泡影，也是當初完全始料未及。

日本情懷

新宿京王

文：剛田武

又來到東京，這次選擇入住位於新宿區的京王廣場大飯店。很多人旅行時，總是把住宿的預算壓到最低，認為大部分時間都外出，睡覺時間不多，隨便選個便宜旅店入住，可以省很多錢。

各人會不同的需求，這沒有對錯之分，但筆者認為，只要能力範圍足夠支付，價格是值得的，應該不要吝嗇，住得好一些，讓能放在旅程的精力或許會多一些。

說回新宿京王，其實這家飯店並不是頂級的大飯店，但也是高級飯店，而且，價格合理。筆者喜歡這裡是因為地點好，景觀很好，是絕對值回票價。

首先是地點適中，從新宿站步行到飯店約十分鐘，而且，沿路都在地下隧道中通行，不怕太陽或下雨。每次回飯店，在新宿站的商店買一些餐點或甜點，帶回飯店慢慢享用，絕對是賞心樂事。

飯店正門對著東京都廳（雙子塔的宏偉建築，也是東京景點之一），從飯店看過去，美景映入眼簾，東京市區風景本來就很美，遠望更可以看到晴空塔。

其次是往來成田機場有直達飯店的穿梭巴士，就在飯店正門下車，無論抵達或離開，真的非常方便。

　因為筆者住的房間雖然不是什麼總統套房，但也不會住飯店最便宜的房間，而且，大多會住飯店的行政樓層。雖然價錢貴一些，但登記入住不用在大堂跟其他遊客擠，早餐還會有另外的小餐廳供客人享用，最重要是，大部分時間都可以享受酒廊的飲料，享受較舒適及寧靜的環境。

　這裡的行政樓層酒廊最特別之處，就是景觀正對著東京都廳，吃早餐時，邊吃邊欣賞如此美景，真是人生若此，夫復何求的感慨。

　談到房間的設施，因為這飯店價格不算便宜，與一般遊客印象中的東京飯店那種很小的完全不同。所以，房間不會太小，設備齊全，當然浴室還有浴缸，洗臉台也不小，而洗手間與浴室也不會在一起，非常乾淨衛生。

　飯店附設的餐廳，其水準也很高，因為東京的美食實在太多，飯店的餐廳就無法一一嘗試，只曾享用這壽司久兵衛，那是無菜單料理，食物既新鮮，水準也十分高，令人回味無窮，雖然價格並不便宜，但絕對物超所值。不過，由於座位有限，筆者也要提早一兩天訂位，要臨時光顧，恐怕不容易的。

明治大學刑事博物館

文：剛田武

想要真正了解一個地方的歷史及文化，博物館是不可缺少
的項目，因為可以透過不同的展品，去認識當地的各種故事及
文化。

　　日本博物館逛過不少，印象最深刻的必定是位於東京千代
田區的明治大學刑事博物館。明治大學本身就是日本的名校之
一，看到明治，還會聯想到明治維新及明治冰淇淋，這真的很
有趣的聯想。

　　來到明治大學正門，首先會發現這裡完全不像大學，建築
新穎，感覺就像一座商業大廈。

　　明治大學博物館擁有六十多年歷史，據說也是日本私人大
學博物館當中，擁有最悠久歷史的博物館。展示廳分為大學史、
商品史、考古及刑事類。

　　看過大學的歷史及各種展品後，來到重頭戲的刑事類，就
是日本的罪與罰，這種特別的展覽意思是希望通過這些過去的
東西，讓世人能理解要如何尊重生命。

　　在這裡陳列著主要是江戶時代的各種刑罰及刑具，當中還
包括很多日本過去的法律書籍。首先看到的刑具是江戶時代的
警察用來抓捕犯人的器具，像很長的竹筒加個圈套脖子，這好
像中國也有，平常看中國的古裝電視或電視都看得到。

　　至於號稱江戶捕快三工具的，突棒（つくぼう）、刺又（さすまた）及袖搦（そでがらみ），都是用來讓犯人固定，不能逃跑為主要目的，但前者的有刀有刺，被插中都會受傷，看後讓人甚感心寒。

　　但看到有一張圖比較特別，好像是用竹圍著一名犯人，然後用這三種工具分別刺向他，圖上是有七八支插到人身上，心想，一支都受不了，還七八支？似乎不只是讓人固定而已，根本也是取人命的，這些事件真的令人震驚。

　　接下來所看到的就更恐怖，就是拷問的部分，各種各樣的方式來拷問犯人，正是嚴刑逼供，可想而知會是有多恐怖了。

　　令我最震撼的，是在日本的電影看過，稱作「石抱責」，就是犯人跪在並排多個三角形的板子上，再在其腿上放上巨石。這樣脛骨會受到極大的壓力，使犯人非常痛苦。

　　還有用高架用反綁方式吊起來，這次只有木架，沒有真人模型，並附上一張圖，但這類刑罰，電影中看過不少，不算太新奇。另外，還有砍頭、火刑、絞刑或遊街等的刑法，中外都有類似的刑法，簡單看看就算。

　　博物館除了日本的刑具外，還有歐洲的，如斷頭台的小模型等，而最令人驚恐的是鋼鐵處女，這樣令人有幻想的名字，

卻是一個鋼鐵人形盒子，內有尖刺，把人放進去關上，所有刺就會刺穿人的身體，很快就會流血至死。

　　參觀結束，有一種令人難以呼吸的感覺，並且難以想像過去沒有人權年代，生活是怎樣的；幸好，我是生活在這個民主時代。

藤子不二雄博物館

文：剛田武

對我來說，這個地方就是叮噹紀念館，從七十年代初的小學時代，第一次發現叮噹這故事就是在兒童樂園的漫畫裡，開始時並沒有太在意，只見到一隻怪怪的像貓的東西，表情多樣化，也不知道什麼內容。

　　不小心看下去，這個故事是說，有個小男孩（當然就是大家熟悉的大雄了）在做夢裡看見房子都是糖果，醒來後，請叮噹幫他夢境成真，然後叮噹給了他一個道具（應該是枕頭之類的東西），再進夢鄉卻發現是惡夢。當時就被這個故事吸引了，之後每一期的兒童樂園，必定會追看叮噹。

　　大雄很窩囊，而叮噹卻是萬能，不過，每次給大雄好的道具，最後都會給他搞砸的，每一個故事都很有趣。印象中是一直看到高中時期，後來就直接購買單行本了。

　　不知道什麼時候，叮噹要正名，變成了多拉Ａ夢，大雄仍然是大雄。名字不是重點，重點是內容，除了短篇外，後來也推出了長篇故事，卻別有一番滋味。對於叮噹是有一份特別的感情，小時候常幻想，如果我也有一隻叮噹，這世界會變得多美好啊！當然，這一切只能活在幻想裡。

　　來到日本，知道有一間藤子不二雄博物館，當然不能錯過了，可是卻路途遙遠，因為它的所在地是在川崎市。故先從東

京乘鐵路到登戶站（期間還要換車），再在登戶站轉乘巴士前往。

由於進場要提早買票，所以，前幾天先在便利商店購買，而且還分時段，並且說明遲到三十分鐘就不能入內，時間必須要把握得很好。

進入博物館，可以看到大量藤子不二雄大師的手稿漫畫，最初叮噹（抱歉，還是用叮噹比較親切）的設計原圖也可以看得到，還有 Q 太郎（這隻小鬼興趣就沒有那麼大了）。當然不可少的是大師的工作室，及其他作品手稿。

二樓對我來說，是野比大雄的家，一座小模型，做得非常細緻，還有一個電子設備，拿起來可以看到模型裡有大雄的影像出現，令人嘖嘖稱奇。

三樓就是屋頂的戶外公園，主要有三個場景供遊客拍照，大雄與恐龍、隨意門及空地水管。其實也是很有趣，只可惜我早出生了三四十年，如果來的時候只有 10 歲左右，看到空地的水管，再想起大雄與朋友們在這裡玩耍，又怎能不興奮呢！現在年事已高，就只能當作懷緬過去，來看小朋友們的笑聲了。

富士山賞櫻

文：剛田武

在春夏之間，來到日本其中一個不可或缺的時刻，必定是賞櫻。全日本幾乎到處都可以看得到櫻花盛放。而當中，令人難忘的，則必定是在富士山賞櫻。

　　富士山座落於靜岡縣及山梨縣，是一座睡火山，在日本人的心目中地位崇高，遊客來到日本，也都希望能親睹富士山的美景。富士山特別之處是，獨立的一座高山，高聳入雲，旁邊沒有其他大山，就像一位天神坐在那裡。再加上，頂峰位置長時間都披著白雪，令到這座在外觀上更添美感。

　　遇上春夏交季時，櫻花盛放，加上富士山上還有不少積雪，搭配下來的效果，更添一份特別的色彩，美不勝收。

　　不過，若這個時間想到富士山賞櫻，而又想行程方便，就要提早購買前往富士山的列車車票，因為列車很容易就會爆滿，否則，就只能坐巴士上去了！雖然巴士都很方便，但論舒適度，還是坐列車比較好了。

　　往富士山賞櫻的地點有多個選擇，如：新倉山淺間神社位、忍野八海、高田城、河口湖……等等，每一個都有不同的特色，而共通點則都很美。

　　日本櫻花種類多達六百多種，例如最著名的有染井吉野櫻，相對比較普遍的櫻花，還有如：河津櫻、垂柳櫻、山櫻、關山

櫻、芝櫻……等等，每一種櫻花都有它們各自的風采，而一大群櫻花盛放時，就是最美的時刻。

我參觀過富士山芝櫻祭，在山梨縣的河口湖附近，有八十多萬株芝櫻在富士山前盛放，據稱是關東地區內規模最大的賞櫻活動。在區內整齊的排滿各種美麗花朵。

芝櫻有不同的品種，每一種的顏色不一，粉紅色、紫色、白色等的花朵，有些排列一致，有些排列不一，再配合富士山的背景，這一幕有如仙境相同的畫面，實在令人目不暇給。

日本人非常喜歡櫻花，原因是櫻花代表花的神靈，也代表春天的時節，看到櫻花就是春天來了，萬物充滿著生氣。但更有趣的是，據說日本人更愛落櫻的淒美，這與日本人的性格有關。因為櫻花在最美的一刻會突然凋落，而且，是很多很多的一起凋落，就像日本人的團隊精神。更難能可貴的是，日本人對失敗者都會有不同的欣賞角度，這是其他民族是不一樣，也正是日本的特色，櫻花，真的是日本的象徵。

日本情懷

出租聞人森本祥司

文：剛田武

日本故事總是千奇百趣。以下故事來自 36 歲的男人森本祥司，外號「出租閒人」，自 2018 年六月開始提供「什麼都不做」的出租服務，工作主要內容是陪伴陌生人，但他不會給予意見或者參與客戶的事情。這樣古怪的服務卻頗受歡迎，2019 年他便處理多過一千個請求。

　　客人租用森本祥司到底想做什麼？可能是女子夜晚想去玩《Pokémon》手遊但怕孤身一人會危險，可能是有新人結婚時請他做觀眾，可能是有人找他去辦離婚登記、捉姦、野餐，各種古怪要求都有。

　　起初森本祥司沒有收取出租費，客戶付出車費及餐飲費即可，但是他的名氣與日俱增，客戶要求漸多，如今他在 Twitter 上已經有超過 26 萬人追蹤，每次出租收費一萬日圓（約台幣 2,700 元）。單是 2019 年，他便處理超過一千個請求，同時出版了書籍《一個無所事事的人的故事》，而且他的故事更會被改編成漫畫及稍後拍攝連續劇，意外地更成為日本社會話題人物之一。

　　為何森本祥司會走上「出租閒人」之路？原來一切源自他不適應社會生活，他在大學之後升讀研究所，後來進入出版社成為編輯，但工作三年都不適合而辭職，後來做什麼工作都不太順利。33 歲時，他在面對人生十字路口時讀到哲學家尼采的著名理論「超人說」，重新思考生活方式，結果在 Twitter 上開

設戶口出租閒人（レンタルなんもしない人），並且發表文章提供出租服務，至今大約兩年多時間。

對於森本祥司來說，「出租閒人」是他創造出來最舒適的存在狀態，即使不擅長表達感情都可以融入社會，同時幫助他人度過人生中不同的時刻，切合現代人怕孤單、怕親密但又想人陪伴的矛盾心情。有網友形容森本祥司就好似「教會的告解室」、「停泊船隻的港口」，給予他們一份安定的力量。

因為森本祥司的服務性質特殊，和客戶非親非故又可以保守祕密，因此不少客戶都可以和他輕鬆相處及講出心底話。目前森本祥司平均每日有三宗客戶要求，每天都有一份不似正職的工作用來賺取生活費。活在台灣的大家，可有想過像森本祥司一樣開設一個台灣版本的「出租閒人」帳戶，提供不一樣的服務？

147

如果青春可以重來

文：剛田武

近期我看了一部名為《傻親青春白書》(親バカ青春白書)
的日劇，內容是一名本身是小說作家的父親，由於太愛自己的
獨生女兒，所以從小到大都對女兒過分保護，甚至不惜跟女兒
考進同一所大學和同一個學系，與女兒一起進大學念書、參與
課外活動、認識有趣的同學和一起做兼職打工。

　　如果是以認真態度看劇情的話肯定相當納悶，因為世上根
本不可能有女主角這般做了大學生還是對父親這麼言聽計從，
甚至覺得在自己的手機上被父親安裝 GPS 監視行蹤也視作理
所當然的人。不過就是因為人物設定明顯是脫離現實，而且劇
情細節描寫得相當有趣，反而讓人容易明白這只不過是一套喜
劇，以開心放鬆的心情欣賞就好，因此令我看得相當高興。

　　本劇最吸引我的地方反而是父親與女兒一起上大學的原
因，除了是希望無時無刻保護女兒，尤其是為女兒趕走一切他
看不上眼的狂蜂浪蝶，更重要的原因是父親可以藉此再享受一
次真正的大學生活。

　　在本劇的人物設定上，父親年少時是東京大學文學系高材
生，還是大學生的時候便已經是在文學比賽獲獎的新晉小說家，
得獎作品甚至被拍成電影，因此整個大學生活都花在上課和寫
小說，甚至後來因為成為連載小說作家而輟學，可惜的是一炮
而紅後就只成為半紅不黑，只靠稿費養活自己和女兒的三流小

說家（妻子早逝），可說是兩邊不是人，當他跟女兒一起念大學的時候，也已經沒有太多人認識他。

不過他和女兒其中一名在大學認識的帥哥同學竟然是自己的瘋狂粉絲，所以當帥哥同學跟父親男主角成為同學後，便模仿父親男主角的一舉一動，希望成為跟男主角一般出色的小說家。父親男主角知道後，便感慨地勸告帥哥同學應該珍惜和享受普通大學生的生活，因為自己相當後悔從前只把時間花在寫作上，當自己想過大學生活的時候，卻早已失去機會。

人生總是有不少遺憾，相信大部分人都會慨嘆如果當時我不是這樣做，或當時我選擇另一條路，我的人生就會有怎樣的改變。青春逝去了確實不會回來，有些事確實是在某一個時間或年紀才可以做，錯過了就沒有第二次機會。當然過去了的事再追悔也沒意思，所以唯有多提醒自己，將來如果有什麼可做又想做的事就要立即去做，以免失去機會後才後悔。

最後順帶一提，近年在日本也確實有不少中年甚至老年人重返大學讀書的個案，最著名的是曾參與日劇《白色巨塔》演出的女優小野真紀，在三年前以 48 歲之齡考進東京名門女子大學文學部教育學科，與年紀可以成為她女兒的年輕人一起上學。所以如果青春可以重來的話，你又想做什麼呢？

黃昏流星群
銀髮族的愛情

文：剛田武

日本漫畫迷對於弘兼憲史這個名字不會陌生，他的名作《課長島耕作》由 1983 年開始，直到 2021 年仍在出版最新的《顧問島耕作》，38 年來從不間斷，借打工仔成長來描寫日本社會變遷。不過，今天介紹的是他另一本傑作《黃昏流星群》，描寫的是銀髮族的愛情。

　　「在這個世界上，有許多年過 40 的人，他們總是期待在生命邁入終點之前，能再轟轟烈烈的談一場戀愛。他們希望在人生結束之前，能像劃過黃昏天際的流星那樣，迸發出最後一道光芒。這些胸中埋藏著熱情的人，在生命的最終階段內心開始焦慮不安，所以，我們稱呼這些人是黃昏的流星群。」

　　短短 139 字寫在漫畫第一集的序幕頁，正是《黃昏流星群》的創作主題，弘兼憲史由 1995 年起寫出銀髮族的生死愛慾，各個故事閱畢後令人五味雜陳，離奇程度堪比優秀短篇小說。相比起 10 多 20 歲的年青人愛得乾柴烈火，40 歲後的中年人愛起上來總是有更多顧慮，可能是婚外情，可能是單身多年枯木逢春，可能是離婚後偶遇故人一發不可收拾。

　　在眾多篇章之中，第四集的「流星美人劇場」劇情峰迴路轉，令人回味。兩位 60 歲以上的好友麗子和美雪合資當老闆娘在新宿營運一家小酒吧，一個冷雨夜偶遇東大教授鈴木秀人，麗子輾轉與鈴木陷入熱戀，甚至把兩姊妹儲存多年的積蓄都交

予鈴木。豈料，刑警顧客認出鈴木其實是剛放監不久的感情騙子，麗子和美雪以為被騙，在刑警協助之下終於擒獲鈴木。

只是，原來鈴木真心愛上了麗子，打算金盆洗手，他拿了錢之後是以她們的名義儲入正當銀行。麗子和鈴木解除誤會之後決定結婚，搬走離開同居多年的好姊妹美雪。然而，當貨車駛走時，麗子看到倒後鏡中的美雪卻是捨不得，結果決定留低。最後，麗子真的和鈴木住在一起，但是仍然留在美雪身邊，每晚一起營運那家極少人光顧的酒吧，等待工作下班後的鈴木光顧三人共聚，是完美的大團圓結局。

這樣的男女眾生相故事，弘兼憲史寫到 2021 年已經出版了 61 集。此作在 2018 年更加被改編成日劇，由佐佐木藏之介、中山美穗及黑木瞳主演。故事源自漫畫第一集的「不惑之星」，主寫銀行職員與妻子感覺疏離之後，在一次瑞士邂逅新戀情的故事。弘兼憲史擅寫七情六慾，毫不忌諱地描繪性愛場面，他的太太正是以《東京愛的故事》及《愛情白皮書》聞名的漫畫家柴門文。有時也很好奇，到底兩位擅寫人性特質的大師，二人真實的夫妻生活是怎樣的故事？

AV 界「專業綠帽戶」
松本洋一

文：剛田武

日本 AV 是不少成年男人慰寂寥的恩物，不少人可能對於各位女優作品如數家珍，甚至連男優都有留意得到。不過，大家有否聽過松本洋一的名字，知道這位 AV 界「專業綠帽戶」的故事？

　　現年 42 歲的松本洋一是不少 AV 片商經常合作的男優之一，他拍過逾 500 套作品卻從未和女優真正親熱，只因為他的角色十分特殊，通常在片中扮演「綠帽男」，即是看著女伴被人侵犯。正如他在個人 Twitter 上的介紹，自己是「俳優」(演員)而不是 AV 男優。他在片中的情節，不是提著公事包和女優說「我上班了」，就是被人綑得像肉粽一樣，然後對住扭腰擺臀的男優咆吼，看著男主角侵犯自己的女伴。

　　松本洋一在片中和女優都有床戲，但是往往止於脫上衣及睡覺，未有更進一步行動。事實上，他接拍 AV 片是為了磨練演技，不介意主演「綠帽男」角色，甚至不時在 Twitter 上轉發演出作品上市訊息幫忙宣傳。雖然他的工作是在在 AV 片當綠帽男，酬勞不高，但是松本洋一其實是以演員自居，積極參與舞台劇演出，可以說參演 AV 只是他提升知名度的另類方法之一。

　　松本洋一就似是周星馳電影《喜劇之王》內的主角尹天仇，一心想做戲並不計較報酬，唯有在做戲的過程之中才可以切切實實地感到自己存在，這樣的角色在現實世界中存在，真正是

一樣米養百樣人。翻看松本洋一的 Twitter（https://twitter.com/you1_my_），除了見到他介紹自己參演的舞台劇消息，還有不少轉發 AV 女優作品的帖文，當然他在戲中是無一倖免地扮演「綠帽男」，貫徹始終。

有時翻看松本的 Twitter，會見到他和不少知名男優例如東尼大木、田淵正浩的相片或者片段，其中一段就是他和田淵正浩在拍攝前夕做深蹲動作熱身，真的令人啼笑皆非。坦白講，松本洋一的外型不俗，即使要扮演 AV 男主角又或者日劇閒角都可以勝任，但偏偏他長期飾演「綠帽男」而出名，這樣來說也是一種另類成就吧？

火車迷必到的博物館

文：剛田武

不知道為什麼，從小到大都非常喜歡火車，記得年輕時，香港的 TVB 有一個資訊節目《寰宇線》，是由盧敏儀小姐主持的，節目內容是介紹世界各地的鐵路之旅，那時候每星期必看，因為實在喜歡火車，也渴望可以坐火車到處旅行。

　　數十年過去，亦經歷過多次的鐵路之旅，其實日本，是一個很適合鐵路旅行的國家。而且，除了動態的鐵路遊外，靜態的鐵路博物館，同樣是令人流連忘返的，當中最使人難忘的，當數位於京都的「京都鐵道博物館」。

　　博物館是在 2016 年四月開幕，館內展示了日本的鐵路發展歷史及各種列車的大型擺設，進場前，已經在博物館外看到寫著梅小路公園的車頭連車廂。就像迎接大家一樣。待進場後，映入眼廉的，大量的火車頭及車廂，都放在博物館內。

　　由蒸汽火車開始，至舊式柴油火車、電動車，甚至是子彈火車，真的是款式俱全，應有盡有，室外還有一個扇形車庫，絕對滿足到火車迷的要求。

　　當中最令我感興趣的，應該是第一代的新幹線列車(0 系)的車廂，整個車頭就放在現場。這個像子彈頭一樣的車頭，藍白色的車身，正是很多年代看日本影片及動畫所看到的模樣，曾幾何時，多麼的渴望可以坐一下，可惜，那些年要到日本不是一件容易的事，除了機票高昂之外，當年日本的消費那麼高，

不是普通人家能夠負擔。到有機會到日本旅行時，這子彈火車也接近退役，剩餘服役的路線不多，未能親身嘗試一下！

終於在這博物館裡，可以一償夙願，近距離接觸0系列車。遺憾是車廂並不開放，未能進入「坐」一下，可能這列車要特別受保護吧！眾多的車廂，還是有部分會開放入內參觀及「乘坐」的。

展場內除了舊火車，新列車同樣都有展示，新式車頭的線條型，十分優美，座位也可以看得出，越來越舒適。

扇形車庫，主要是放著各種蒸氣火車頭，而且，還有十幾個，場面非常浩大，拍下來的畫面十分震撼。

場館內的二三樓還有很多互動的遊戲，適合小孩子來參觀及遊玩，對於我這樣的中年漢，只能在旁邊看看，同樣都會感到有趣。這裡還有不少的模型，講述列車的運作。還有城市的建設、列車的運行，組成一個小型鐵路圈，同樣令人目不暇給。

最後還有小賣店，售賣各類精品及火車模型，在這裡不期然的，就放下鈔票帶走一些紀念品了！

日本情懷

橫濱紅磚倉庫

文：剛田武

橫濱是日本一個著名的港口，而且歷史悠久，很多遊客來
到這裡都喜歡逛中華街，但卻對橫浜赤レンガ倉庫（橫濱紅磚
倉庫）情有獨鍾。除了喜歡這組建築之外，搭配海景，在這裡
真的能讓身心舒暢。

　　紅磚倉庫是建造於明治及大正年代的期間。倉庫有一號館
及二號館兩座建築，分別竣工於 1913 年及 1911 年。作為保稅
倉庫使用至 1989 年。之後空置了很多年 在 2002 年改頭換面，
一號館改造為展示空間，二號館改造為商業設施，再與附近的
廣場及公園整合，成為紅磚倉庫公園。

　　到步後，就有一種非常舒適的感覺，海港景色優美，遠望
海灣大橋，建築獨特的橫濱大棧橋國際客運航站，還有大輪船
作配襯。轉頭望向陸地，遠望橫濱 Cosmo World 的摩天輪及地
標大樓，整個畫面就是令人很舒服。

　　紅磚倉庫的一樓及二樓，有不少商店，有售賣精品、紀念
品、也有吃的，炎炎夏日在這裡逛一逛，同樣身心舒暢。日本
的精品，設計獨特，在這裡邊逛邊吃點東西，看看有那些特色
物品，順手買來紀念一下，心情也會好一些。

　　還記得當中有一家商店，專賣一些老舊的東西，十分適合
像我這樣的年紀的人，喜歡懷舊。看著那些舊東西，不少青春
回憶都回來了！

在倉庫外，欣賞一下海景及倉庫建築，同時不期然就會想起了星野源及新垣結衣，因為他們在《月薪嬌妻～逃げるは恥だが役に立つ》中飾演夫妻，節目取景大多在橫濱市，當中也包括紅磚倉庫。二人最初由合約的關係，漸漸發展成戀人，當中有很多好笑的地方。

大家還記得平匡（星野原飾）在夜中奔跑的畫面嗎？其中就有經過紅磚倉庫前，所以，來到這裡，自然的會想起了這部電視劇，也會想起他們假戲真做，二人也終成眷屬。

除此之外，另一部同樣很好看的日劇《我的家政夫大叔～私の家政夫ナギサさん》，也有在這裡取景，回想一下，多部未華子的可愛，與大叔大森南朋的不可能戀愛所引起的笑料，想起來都想再重溫一下。

看日劇時，除了劇情外，順便也可以回憶一下這裡的景色及所看過的商店，真的令人回味無窮，很想再次重遊舊地！最近還有纜車可以抵達這裡，實在是太方便了！

國家圖書館出版品預行編目資料

日本情懷之遊樂篇／君靈鈴、李維、剛田武　合著. —初版.—
臺中市：天空數位圖書　2021.07
面：14.8*21 公分
ISBN：978-986-5575-41-0（平裝）

731.9　　　　　　　　　　　　　　　　110011746

書　　　　名：日本情懷之遊樂篇
發　行　人：蔡秀美
出　版　者：天空數位圖書有限公司
作　　　者：君靈鈴、李維、剛田武
編　　　審：亦臻有限公司
照 片 提 供：剛田武
封 面 設 計：Jackie
製 作 公 司：真文小商有限公司
版 面 編 輯：採編組
出 版 日 期：2021 年 07 月（初版）
銀 行 名 稱：合作金庫銀行南台中分行
銀 行 帳 戶：天空數位圖書有限公司
銀 行 帳 號：006-1070717811498
郵 政 帳 戶：天空數位圖書有限公司
劃 撥 帳 號：22670142
定　　　價：新台幣 750 元整
電子書發明專利第 I 306564 號
※　如有缺頁、破損等請寄回更換

Family Sky

紙本書編輯印刷：
電子書編輯製作：
天空數位圖書公司 E-mail：familysky@familysky.com.tw　http://www.familysky.com.tw/
地址：40255台中市南區忠明南路787號30F國王大樓　Tel：04-22623893　Fax：04-22623863